Marie-Hélène Laugier
Illustrations de Vivilablonde

Pour...
analyser ses rêves

Interpréter ses rêves…

Agréables, angoissants, sensuels, insolites, sans queue ni tête ou aux frontières de la réalité, les rêves, ces images qui accompagnent la plupart de nos nuits, ont toujours fasciné les hommes. Simple illustration de notre quotidien ou véritable épopée qui nous transporte et nous bouleverse, notre univers onirique s'avère riche de sens et d'enseignement pour qui sait l'écouter et le comprendre.

Mais alors, que signifient ces images qui tantôt nous bercent, tantôt nous hantent ? Que cherchent-elles à nous dire ? Comment interpréter ce langage symbolique qui permet à nos sentiments, à nos craintes ou nos joies, à nos besoins ou nos envies de s'exprimer ?

Les rêves sont une véritable porte ouverte sur notre inconscient, sur ce que nous avons de plus profondément enfoui au fond de nous-mêmes, nos peurs autant que notre potentiel. Analyser et comprendre ses rêves, c'est partir en voyage à la découverte de ce que nous sommes vraiment, entre passé, présent et avenir, singularité et universalité. Bienvenue au pays des songes…

Avant…

Le rêve d'Élodie, 32 ans…

« J'étais dans une grande maison lugubre, avec un jardin abandonné et cerné d'épais murs de pierre. Je travaillais à la cuisine et devais servir les occupants. J'ai traversé toutes les époques ! Le Moyen Âge, la Renaissance, l'époque napoléonienne… Seul le décor changeait : les cadres, le mobilier, les costumes… Je ne pouvais pas m'échapper de cet endroit ! La seule pièce dans laquelle je me sentais bien, c'était la salle de bains. Elle était verte, avec une petite fenêtre qui laissait passer un peu de lumière, une belle baignoire et des tuyaux qui serpentaient sur les murs et laissaient échapper des bruits d'eau…
Un jour, de nouveaux propriétaires sont arrivés. Sachant que j'étais là depuis longtemps, ils m'ont demandé "de le retrouver" ! Je n'avais aucune idée de ce dont ils parlaient, de ce que je devais trouver, mais j'ai cherché. Et j'ai découvert une pièce secrète, noire et rouge, très sombre, dans laquelle était enfermé un vieil homme. Très affaibli, malade, il m'a demandé à son tour "de les libérer" ! Encore une fois, je n'avais aucune idée de ce que je devais chercher. Dans le jardin, j'ai trouvé deux personnes, des jumeaux, un garçon et une fille d'une vingtaine d'années, enterrés mais vivants. Ils m'attendaient. Je les ai libérés, ils m'ont remerciée puis sont partis. J'étais soulagée… D'un coup, tout s'est transformé ! La maison était baignée de soleil, avec une belle façade jaune et de grandes fenêtres. Le jardin était plein d'arbres fruitiers et les murs avaient disparu. »

Chapitre 1
Au pays des songes

Universels, intemporels, les rêves fascinent les hommes depuis la nuit des temps. Prophéties, rituels chamaniques ou expressions de l'inconscient, que sont les rêves exactement ? Quand apparaissent-ils ? Rêvons-nous tous de la même manière ?

> « L'homme ne pourra jamais cesser de rêver. Le rêve est la nourriture de l'âme, comme les aliments sont la nourriture du corps »
>
> **Paulo Coelho** (*Le Pèlerin de Compostelle*)

Qu'appelle-t-on « rêves » ?

Véritable « respiration mentale », les rêves sont ces images symboliques qui envahissent nos nuits, à notre insu. Expérience vécue par tous, êtres humains comme animaux, ils sont indispensables à notre équilibre psychologique. Pourtant, ils n'existent que dans l'esprit du rêveur, unique témoin de cet univers, et ne se révèlent qu'au travers des souvenirs et des récits que l'on en fait.

Dans les civilisations antiques, les rêves étaient considérés comme des messages envoyés par les dieux, des prophéties que seuls certains élus, étaient capables d'interpréter. Du Moyen Âge jusqu'au XIXe siècle, le rêve est soit diabolisé – c'est à travers lui que s'expriment les forces du Mal – soit limité à l'univers onirique qui le définit, alors apanage des romantiques et autres poètes…
Dans certaines sociétés, les rêves font partie de la culture chamanique. Ils accompagnent les rites de passage. Dans nos sociétés occidentales, ce n'est qu'au début du XXe siècle, grâce aux travaux de Freud et Jung, que les rêves et leur interprétation deviennent des outils pour explorer l'inconscient.

Définition

Rêve : I. Suite de phénomènes psychiques (images, représentations…) se produisant pendant le sommeil, excluant généralement la volonté. Syn. : songe, pensée onirique.
II. Pensée qui cherche à échapper aux contraintes du réel. Syn. : imagination, vision.
III. Construction imaginaire destinée à satisfaire un besoin, un désir, à refuser une réalité pénible. Syn. : désir, fantasme, aspiration. (Le Petit Robert).

Quand rêve-t-on ?

On ne peut parler des rêves sans évoquer ce qui occupe près d'un tiers de notre vie : le sommeil. Si l'on ne peut encore aujourd'hui expliquer le rôle précis de cet « état naturel de perte de conscience », l'organisation de notre sommeil est désormais connue.

Le sommeil est constitué de plusieurs cycles, qui durent en moyenne 1 h 30.
Une nuit comporte donc 3 à 6 cycles, selon les besoins de chacun.
Chaque cycle est divisé en 5 grandes phases, au cours desquelles notre cerveau émet différents types d'ondes.
• **L'endormissement (assoupissement et somnolence) :** le cerveau se ralentit, le tonus musculaire et la fréquence cardiaque diminuent.
Nous entrons progressivement dans un sommeil léger.
• **Le sommeil léger :** cette phase occupe environ 50 % du temps d'un cycle de sommeil.
• **Le sommeil profond et très profond :** le cerveau fonctionne au ralenti.
Ce sont les deux phases les plus importantes physiologiquement, au cours desquelles nos cellules se régénèrent. Elles représentent 20 à 30 % du temps de sommeil.
• **Le sommeil paradoxal :** il occupe 20 % du temps de sommeil.
C'est la phase des rêves. Le cerveau, ainsi que certains organes (yeux, cœur, poumons…) connaissent une activité importante. Cette phase revient par cycle toutes les 90 minutes.

Le saviez-vous ?

On appelle la phase de sommeil pendant laquelle se déroulent les rêves phase de sommeil paradoxal, car l'activité physique (muscles, organes, respiration) ainsi que l'activité électrique du cerveau sont plus proches de l'état de veille alors que, paradoxalement, le sommeil est extrêmement profond. Elle s'allonge progressivement au fur et à mesure de la nuit, pour être plus importante dans les derniers cycles. Si cette phase représente 20 % du temps de sommeil, la durée d'un rêve, elle, se compte... en secondes !

SOMMEIL LÉGER		SOMMEIL PROFOND		RÊVES	
Phase I (10 à 20 min)	Phase II (45 min. environ)	Phase III	Phase IV (20 min environ)	Phase V (15 min)	Réveil ou nouveau cycle

 Le coin du psy

Se souvenir de ses rêves, afin de pouvoir les interpréter, c'est déjà faire attention à son sommeil et prendre conscience que tout le monde rêve !

1) Vous souvenez-vous spontanément de vos rêves ? ☐ OUI ☐ NON

2) Avez-vous l'impression de ne jamais rêver ? ☐ OUI ☐ NON

3) Vos rêves vous semblent-ils parfois n'avoir aucun sens ? ☐ OUI ☐ NON

Si vous avez répondu « non » à la question n° 1 :

Au moment de vous endormir, prenez simplement conscience que vous allez rêver… Et essayez de vous réveiller naturellement à la fin d'un cycle, c'est-à-dire après la phase de sommeil paradoxal. Vous vous souviendrez plus facilement de vos rêves.

Si vous avez répondu « oui » à la question n° 2 :

Impossible ! Il va juste vous falloir prêter davantage attention aux images qui animent vos nuits… et respecter davantage vos cycles de sommeil.

Si vous avez répondu « oui » à la question n° 3 :

Tous les rêves n'ont pas forcément de signification profonde, mais il y figure toujours au moins un élément qui doit attirer votre attention. On dit aussi que certains rêves soulèvent simplement une problématique tandis que d'autres apportent des réponses. Alors, ouvrez l'œil !

Rêve-t-on tous de la même manière ?

À chaque période de l'existence correspondent certains rêves, spécifiques par leur structure et leur rôle. Si l'on y retrouve les mêmes symboles, nos songes suivent cependant le cours de notre maturité, physique et mentale, et sont avant tout influencés par notre vécu.

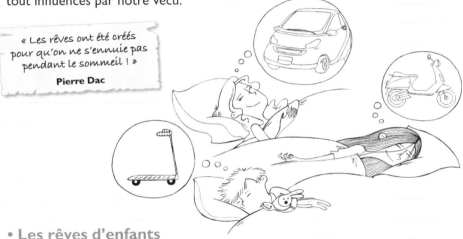

« Les rêves ont été créés pour qu'on ne s'ennuie pas pendant le sommeil ! »
Pierre Dac

• Les rêves d'enfants

Dans les premiers mois, les rêves des nourrissons seraient issus de la mémoire collective de l'Homme. Plus tard, l'enfant va essentiellement revivre sa journée, répondre à une frustration (on lui a interdit quelque chose) ou retranscrire ce que vit son entourage proche (conflit, séparation, échanges…). Les symboles, généralement simples et évidents, sont souvent tirés de l'univers des contes.

• Les rêves d'adolescents

À la puberté, les rêves vont permettre à l'adolescent de se détacher d'une première existence (l'enfance) pour passer à une seconde vie, l'âge adulte. Essentiellement composés de symboles sexuels, les rêves, parfois violents, traduisent cette rupture avec la cellule parentale ainsi que les bouleversements propres à cette période.

• Les rêves d'adultes

Beaucoup plus complexes, les rêves d'adultes sont essentiellement l'expression d'une dualité, entre la personnalité profonde et la vie « publique », avec ses règles, ses interdits, ses obligations. Un changement, une décision importante, ou tout simplement des transformations, comme la naissance d'un enfant, une maladie, vont également influencer nos songes. En vieillissant, les rêves tendent à nous rapprocher de notre Moi profond et nous amènent à développer notre véritable personnalité.

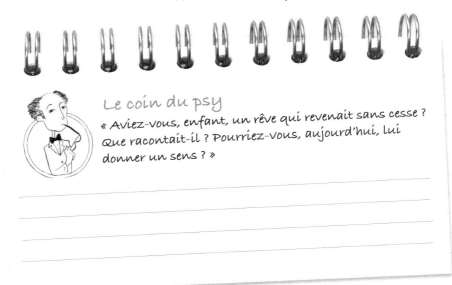

Le coin du psy

« Aviez-vous, enfant, un rêve qui revenait sans cesse ? Que racontait-il ? Pourriez-vous, aujourd'hui, lui donner un sens ? »

• Les rêves féminins et masculins

Même si la durée totale du sommeil paradoxal est identique entre hommes et femmes, ces dernières ont davantage l'impression de rêver et se souviennent plus facilement de leurs rêves. Si les symboles et le rôle des rêves sont identiques, c'est bien évidemment leur signification qui diffère. Chaque sexe possédant sa part de féminité et de masculinité, c'est la partie opposée d'un individu qui prendra souvent possession de ces rêves.

Une dimension sociologique

La symbolique, et donc l'interprétation des rêves, avant d'être individuelle, est aussi sociologique. L'époque à laquelle nous appartenons, la société dans laquelle nous vivons, notre culture, notre religion, nos croyances conditionnent le sens que nous donnons à nos rêves. Et certains symboles, positifs, voire divins dans une société, seront néfastes et malfaisants dans une autre.

C'est à vous !
Découvrez l'univers qui se cache derrière ce rébus !

Solution page 66

Chapitre II
Les rêves et la psychanalyse

En psychanalyse, l'interprétation des rêves est un des outils clés pour explorer notre inconscient. Indépendamment du langage symbolique, il existe également de grandes notions présentes dans la plupart des rêves, qui laissent apparaître les fondations de notre personnalité.

> « Les rêves sont les clés pour sortir de nous-mêmes »
> **Georges Rodenbach**

• L'*animus* et l'*anima*

Chacun de nous possède une identité psychique opposée, féminine ou masculine. L'*animus* désigne la part de masculinité chez une femme, matérialisée par des facultés comme la prise de décision, l'action, la logique, l'affirmation de soi… L'*anima*, à l'opposé, représente chez l'homme la part de féminité, celle à travers laquelle s'exprime la sensibilité, la créativité, l'imagination, les émotions… Selon les symboles qui apparaissent dans les rêves, l'*animus* ou l'*anima* peuvent se révéler de manière positive ou négative.

Sigmund Freud

Le père de la psychanalyse fut l'un des premiers à se pencher sur l'analyse des rêves, la « *voie royale pour parvenir à la connaissance de notre âme* ». Selon le neurologue autrichien, le rêve est surtout l'expression d'un désir refoulé, essentiellement lié à l'instinct sexuel. Les rêves s'expriment sur deux niveaux : un niveau dit manifeste, qui concerne les symboles et le récit lui-même, et un niveau latent, qui représente le sens profond du rêve, la structure de la pensée. Son approche de l'interprétation des rêves s'attache essentiellement à l'individu et à son enfance.

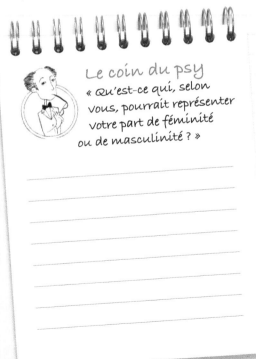

Le coin du psy

« Qu'est-ce qui, selon vous, pourrait représenter votre part de féminité ou de masculinité ? »

• **L'inconscient individuel**
Il fait référence à tout ce qui nous est propre, notre histoire, notre personnalité, nos goûts. Ainsi, certains symboles, selon la manière dont nous les considérons, seront soit rassurants, soit désagréables ! Le chat, par exemple, pourra être un signe positif pour certains, alors qu'il sera négatif pour d'autres.

• **L'inconscient collectif**
Cette notion va bien au-delà de l'individu et touche au caractère universel de l'Homme, à la mémoire collective de l'humanité. Elle se manifeste au travers de symboles forts, qui parlent à tous, quels que soient les âges, les cultures : l'eau ou le feu, la jeunesse ou la vieillesse, l'animal ou le végétal, le ciel ou la terre…

• **La *persona***
Ce terme, qui désigne le masque que portaient les comédiens du théâtre antique, correspond à l'image sociale d'un individu (profession, diplômes, titres honorifiques…). Dans les rêves, la *persona* se révèle aux travers des artifices que porte le rêveur (vêtements, masques…) ou, au contraire, de la nudité.

• **L'ombre**

Notion importante, l'ombre représente notre dualité, cette part de nous-même refoulée au plus profond de notre inconscient. Elle se révèle au travers de ce qui nous effraie, nous angoisse, nous fait honte… Elle peut prendre la forme d'un personnage, qui correspond à nos facettes cachées, ou se manifester à travers tout ce qui est violent, dangereux, dont nous devons nous protéger. Pourtant, si elle fait peur, cette ombre n'est autre que l'expression de notre plein potentiel !

Carl Gustav Jung

Le psychiatre suisse, fondateur de la psychologie analytique, apporte une vision complémentaire de l'interprétation des rêves, en introduisant les notions d'énergie créatrice et de dimension « universelle » de la pensée humaine. Il met également en relation l'univers onirique et la réalité. Plus qu'un désir refoulé, le rêve fait partie d'un processus dynamique de construction de la personnalité, « l'individuation », qui prend en compte tous les éléments de la totalité psychique d'un individu, passés, présents et à venir, universels et singuliers.

Le coin du psy
« Qu'est-ce qui, selon vous, pourrait symboliquement s'apparenter à votre ombre ? »

Les sentiments inconscients

En psychanalyse, les rêves sont également un moyen de laisser apparaître ce que nous refoulons ou refusons de voir, en mettant à jour ce qui nous empêche d'avancer et entrave notre personnalité.

• Le sentiment d'angoisse
Dans les rêves, si ce sentiment peut être lié à un malaise physiologique, une digestion difficile par exemple, il révèle toujours une cause psychologique plus profonde. L'angoisse s'exprime au travers de la peur, la haine, l'hostilité, le danger, des situations effrayantes ou inextricables, ou encore des lieux, des animaux ou des individus hostiles, souvent démesurés.

• Le sentiment d'infériorité
Assez fréquent dans les rêves, il varie au cours de l'existence, en fonction de ce que nous vivons. Le sentiment d'infériorité (faiblesse, impuissance…) s'exprime au travers de nombreux symboles : les voyages sans destination, la nudité, les moyens de transports inefficaces, mais aussi ce dont on s'encombre et qui compense un manque…

• Le sentiment de castration
Cette notion, récurrente en psychanalyse, englobe tout ce qui porte atteinte à la liberté, tant sur le plan physique que psychologique. Les symboles sont limpides : il est question d'amputation, de mutilation, de la perte des cheveux ou des dents, d'examen et de justice, de forces et de mouvements qui sont entravés et n'aboutissent pas.

• **Le sentiment d'abandon**

Le rejet, l'abandon et la solitude sont des peurs universelles de l'homme qui se traduisent par un besoin inconditionnel d'être aimé, de posséder, ou, au contraire, par le refus de tout lien affectif ou la peur d'abandonner les autres. Dans les rêves, ce sont des maisons vides, de grandes plaines désertes, et tout ce qui à trait au manque d'intérêt, à l'indifférence…

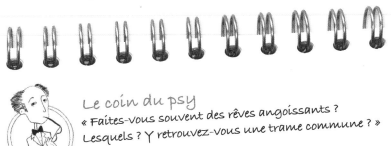

Le coin du psy
« Faites-vous souvent des rêves angoissants ? Lesquels ? Y retrouvez-vous une trame commune ? »

 C'est à vous ! CHARADE

- Mon premier vient en second quand on fait ses gammes.
- Mon second est une voyelle.
- On sombre souvent profondément dans mon troisième.
- Mon quatrième est, après l'eau, le breuvage le plus consommé au monde.
- Mon tout est ce que l'on oppose aux rêves…

Solution page 66

Le rôle des rêves

Les rêves sont toujours issus d'une expérience psychique, émanant de notre quotidien et de ce que nous vivons : nos rencontres, nos sentiments, les lieux, les événements… Selon le degré de conscience, les rêves occupent plusieurs fonctions et peuvent prendre différentes formes.

> « Les hommes ne peuvent être réellement libres que dans leurs rêves »
>
> Peter Weir

Un message de l'inconscient

Le rêve n'est autre qu'un message délivré par notre inconscient. Parfois considéré comme un avertissement, il ne décrit jamais ce qui va être, mais force plutôt à l'introspection. Il existe différents types de rêves, avec, pour chacun, une fonction particulière.

Les rêves peuvent être :

• **le reflet de notre existence** : ils sont l'interprétation de notre quotidien, tel qu'il est, ici et maintenant.

• **l'expression d'un événement « inaperçu »** : ils représentent un non-dit, une émotion refoulée, un fait dont nous n'avons pas pris conscience.

• **le résultat d'un « conflit » personnel** : le rêve exprime alors notre personnalité profonde, ce que nous refusons de voir, ce qui est enfoui au fond de nous, ce dont nous avons besoin.

• **l'expression de notre inconscient seul** : très forts, détachés de toute réalité, ces rêves s'expriment au travers de grands symboles universels et échappent au « filtre » de la conscience.

• **une réponse liée au corps** : ces rêves sont conditionnés par des transformations physiologiques (cycle menstruel, puberté…) ou influencés par les sens (position du corps, température, bruit extérieur…).

Les rêves « classiques »

Ce sont les rêves qui occupent la plupart de nos nuits. Relativement simples, courts, on y retrouve une ou deux images fortes, au travers d'un symbole ou d'un thème particulier. Ils sont, en général, le reflet de notre existence, où s'expriment, à différents degrés, conscience et inconscient.

• Les rêves de situation
Ils témoignent de ce qui est, ici et maintenant, de notre quotidien, de ce que nous vivons. Ils s'attachent à notre situation présente et retranscrivent « notre réalité » en donnant la mesure des choses que nous avons vécues. La conscience relativise notre situation, l'expose clairement et l'inconscient ne se manifeste quasiment pas.

• Les rêves de compensation
Ils mettent l'accent sur ce qui a été omis, négligé ou ignoré, volontairement ou non. L'inconscient vient rééquilibrer la réalité, en allant parfois à l'encontre de la situation vécue. Ces rêves permettent également de « soulager » notre conscience, en laissant s'échapper une situation pénible ou, au contraire, en laissant apparaître le côté négatif d'un événement heureux.

• Les rêves de réduction
Ces rêves permettent de dégager l'essentiel du superflu, l'authentique du superficiel. Ils amènent une juste mesure sur ce qui nous aveugle, que ce soit une faible estime de soi, des complexes, des sentiments inappropriés, des obsessions ou, à l'inverse, une trop grande assurance. L'inconscient s'exprime ici de manière parfois violente.

Le rêve éveillé

À l'écart des rêves que l'on fait en phase de sommeil paradoxal, le rêve éveillé est une modification volontaire du degré de conscience, entre la veille et le sommeil, obtenue par un travail de relaxation et de méditation. Proche de l'état sophrologique, il permet de laisser « remonter » des images enfouies et se pratique dans certaines formes de yoga ou d'hypnose thérapeutique.

Les grands rêves

Détachés de toute intervention consciente, les grands rêves utilisent de grands symboles universels, des archétypes. Ils se révèlent surtout lors des périodes clés de l'existence, des crises psychologiques ou suite à de grandes tensions accumulées au fil du temps.

Rares, mais extrêmement puissants d'un point de vue symbolique et énergétique, les grands rêves nous marquent profondément et peuvent véritablement nous « transformer ». Sans logique aucune, ils sont souvent bouleversants, physiquement ou émotionnellement. Ce sont des rêves que l'on raconte et que l'on ne peut pas garder pour soi. Dans certaines sociétés, ils sont considérés comme des messages envoyés par les dieux pour guider les hommes.

Ces rêves n'emploient qu'un langage universel et l'on y retrouve toujours de grands symboles et des concepts forts, comme les rêves héroïques, les voyages et traversées, la naissance ou la mort… Tant au travers des images que par l'interprétation que l'on en fait, ces grands rêves marquent souvent un véritable tournant dans l'existence, en laissant apparaître, plus que notre vraie personnalité, une forme de destinée individuelle.

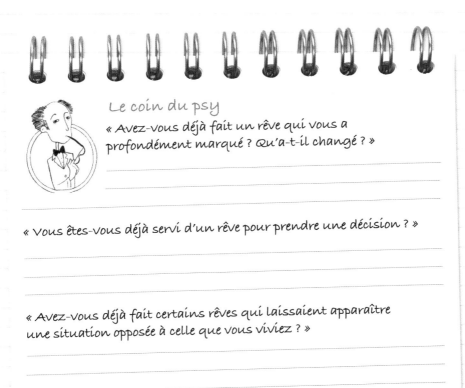

Le coin du psy

« Avez-vous déjà fait un rêve qui vous a profondément marqué ? Qu'a-t-il changé ? »

« Vous êtes-vous déjà servi d'un rêve pour prendre une décision ? »

« Avez-vous déjà fait certains rêves qui laissaient apparaître une situation opposée à celle que vous viviez ? »

Les autres formes de rêves

Indépendamment des grands rêves et des rêves classiques, il existe également d'autres types de rêves, dont certains ne sont pas considérés comme tels ou sont plus ou moins controversés.

• Les cauchemars et terreurs nocturnes
Les cauchemars sont des manifestations anxieuses intenses qui ont lieu au cours du sommeil paradoxal alors que les terreurs nocturnes surviennent en phase de sommeil profond (lent). Signes de conflits internes, les cauchemars sont également liés à des causes externes (excitants, médicaments, stress post-traumatique…).

• Les rêves récurrents
Ce sont des rêves qui reviennent régulièrement ou à des périodes précises, soit sous la même forme (rêve identique), soit avec des symboles différents mais qui ont la même signification.

• Les rêves au pseudo-seuil de la réalité
Ces rêves se produisent généralement à un niveau élevé de conscience (sommeil léger). Il s'agit de perceptions sensorielles, stimulées par des éléments extérieurs. Par exemple, rêver d'une cascade… alors que votre conjoint est sous la douche !

• Les rêves obsédants
Rares, ces rêves sont considérés comme pathologiques. Le rêveur n'arrive plus à distinguer le rêve de la réalité et agit de manière absurde ou inappropriée à son réveil.

Les rêves prémonitoires et rêves de double-vue

Les rêves prémonitoires, annonciateurs de catastrophe, ou les rêves de double-vue, qui prédisent un événement concernant son entourage proche, ne sont pas considérés comme des rêves. Contestés par les scientifiques, ils ne se manifestent pas obligatoirement en phase de sommeil paradoxal et appartiennent plutôt au domaine du paranormal.

C'est à vous !

Retrouvez la « clé des songes » qui vous ouvrira la porte de votre monde intérieur !

Solution page 66

Les grands thèmes des rêves

Certains rêves expriment une idée générale, une thématique. Ils utilisent alors différents symboles qui mettent en lumière des sentiments négatifs, des conflits ou encore des changements lors de périodes charnières de notre existence.

• Les épopées et les rêves héroïques

Symboliquement forts, ces rêves sont assez fréquents, faisant écho au besoin d'éternité de l'Homme, à la puissance, à l'invincibilité. Selon les détails présents, l'univers et la « mission » du héros – être de savoir et de pouvoir –, ces rêves permettent de compenser une situation réelle périlleuse ou de s'identifier à quelqu'un que l'on admire. Sous la forme d'un grand rêve, ils sont alors le signe d'un profond changement intérieur, d'un accomplissement personnel.

Les symboles associés : ils sont empruntés à l'univers de la mythologie, de la religion, du sport ou encore du cinéma.

> « Les hommes éveillés n'ont qu'un monde, mais les hommes endormis ont chacun leur monde »
> **Héraclite**

• Les rêves de passages

Ces rêves sont typiques de notre avancée sur le chemin de la vie, signes d'un changement intérieur, souvent positif. On franchit des obstacles, des ponts, des portes, on s'acquitte de formalités. On se retrouve à la croisée des chemins, on choisit une direction, on monte, on descend. On y rencontre des personnages, des animaux, des paysages. Ici encore, ce sont les détails qui permettent de préciser le sens de ce type de rêves. Les voyages et déplacements peuvent aussi être des rêves de passage.

Les symboles associés : routes, chemins, avancées, ponts, portes, voies, barrières, retour en arrière, départ, arrivée, intersections, directions (haut, bas, droite, gauche), carte, boussole…

• **Les rêves d'agression, d'intrusion, de fuite, de poursuite**
Ces rêves, en relation avec notre monde intérieur, symbolisent l'intrusion de sentiments inconscients, qui nous agressent littéralement. Ces rêves portent directement atteinte à notre être, révèlent quelque chose qui s'impose violemment à nous, des sentiments dont nous devons nous protéger ou que nous cherchons à fuir. C'est à travers les détails et des associations que ces rêves trouvent leur signification.

Les symboles associés : cambriolage, effraction, intrusion, agression physique, fuite, poursuite, mais aussi guerre, meurtre, assassinat, oiseaux de mauvais augures, combat, armes…

• **Les rêves de cataclysme, de catastrophe, de danger**
Ce sont essentiellement des rêves d'angoisse, qui témoignent d'un profond bouleversement de la vie affective ou expriment un sentiment d'impuissance vitale : la peur de ne pas aboutir, d'être mis en péril, anéanti ou brisé, de perdre ses forces vitales.

Les symboles associés : inondations, tremblements de terre, incendies, bombardements, crashs aériens, accidents ferroviaires, carambolages, effondrements…

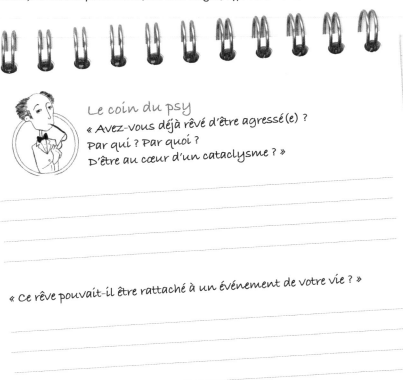

Le coin du psy
« Avez-vous déjà rêvé d'être agressé(e) ?
Par qui ? Par quoi ?
D'être au cœur d'un cataclysme ? »

« Ce rêve pouvait-il être rattaché à un événement de votre vie ? »

• Les rêves d'amputation, de mutilation, de blessure, de paralysie

Caractéristiques des sentiments d'infériorité et de castration, ces rêves font ressortir la peur d'être « inférieur », de manquer, d'être humilié, rejeté, démuni. On souffre intérieurement d'être privé de quelque chose, entravé dans ses mouvements, immobilisé. Que ce soit pour les blessures ou les membres amputés, l'interprétation s'attachera surtout à ce qui est ôté.

Les symboles associés : perte des dents, des cheveux, d'un membre, des yeux, d'un organe… C'est la symbolique du corps qui doit être analysée.

• Les rêves de chute ou de vol

Très fréquents, ces rêves ont un sens opposé à ce qu'ils suggèrent. Les rêves de chute représentent la perte d'une situation, un sentiment d'infériorité, la crainte de ne pas pouvoir conserver sa position actuelle. Mais ils sont également une invitation à descendre au fond de soi-même, acte positif, même s'il s'accompagne de la peur de ce que l'on va découvrir.
Le vol, quant à lui, est plus négatif… même s'il est agréable ! Ces rêves symbolisent la fuite, l'impuissance face à ses responsabilités, face à soi-même : on « survole » la réalité.

Les symboles associés : être attiré par les abîmes, tomber de quelque chose, se jeter dans le vide, voler dans les airs, passer au-dessus des choses…

Le coin du psy

« Avez-vous déjà rêvé d'être paralysé(e) ? Dans quel contexte ? Que se passait-il dans votre vie à ce moment-là ? »

« Avez-vous déjà rêvé de tomber ?
Qu'avez-vous ressenti ? Qu'est-ce qui vous a effrayé(e) »

• Les rêves de mort, d'assassinat, de cadavres

Les rêves de mort, bien qu'angoissants, ont une signification positive. Ils symbolisent la mort psychique : une part de nous-mêmes qui est révolue, la fin d'une relation… Nous devons faire des adieux définitifs à certaines choses afin de commencer une autre vie.

Le meurtre, lui, est un acte volontaire. Nous « tuons » symboliquement une part de nous-mêmes, quelqu'un, quelque chose qui se mettait sur notre route et entravait notre personnalité. Le cadavre, en revanche, représente symboliquement une personne ou un événement passé, révolu mais dont nous n'avons pas fait le deuil et qu'il nous faut « enterrer ».

Les symboles associés : deuil, cercueil, agonie, faire-part, tombe, cimetière, enterrement…

• Les rêves de maladie

Les rêves de maladie doivent être interprétés au second degré. Ils signifient qu'une part de nous-mêmes souffre et nécessite des soins, de l'attention. Ils peuvent également symboliser une « opération » intérieure ou une chose dont nous devons « guérir ». Selon les organes concernés, la symbolique sera différente : le cœur fait appel au côté affectif, les yeux à la capacité d'anticipation, les poumons à un manque d'air… Les rêves de cancer sont fréquents chez les femmes, vers la quarantaine.

Les symboles associés : hôpital, bloc, clinique, personnel soignant, opération… Mais aussi symptômes : asphyxie, démangeaisons, vomissements…

Le saviez-vous ?

Chez les Chippewas, une tribu indienne du Canada, la légende veut qu'une araignée protège les enfants en tissant sa toile au-dessus de l'endroit où ils dorment. Les mauvais rêves restent accrochés dans la toile et sont détruits par le soleil du matin. Chez les Inuits, les fils des attrape-rêves servent à emprisonner les mauvais rêves alors que les plumes laissent s'envoler les bons rêves.

C'est à vous !

Vous avez vécu une aventure fantastique, fait un songe des plus insolites, été bouleversé(e) par des symboles forts ? Dessinez ici votre plus beau rêve ! Racontez votre histoire, mettez en scène les personnages ou les animaux que vous avez croisés, représentez

les grandes étapes, les paysages, les décors, les détails. Ajoutez les couleurs, les dialogues, les ambiances, puis entourez les symboles qui vous semblent importants et découvrez, grâce aux chapitres suivants, ce que révèle votre rêve.

Le langage des nuits

Les rêves sont composés de symboles. Ce sont des images, des signes qui, isolés ou assemblés, donnent un sens à nos songes. Chacun possède une signification précise, universelle ou particulière à chaque rêveur.

> « Les rêves sont la littérature du sommeil »
>
> **Jean Cocteau**

Les symboles

Les symboles sont comme des mots. Selon les émotions auxquelles ils nous renvoient, ils nous permettent d'interpréter le langage de notre inconscient. Certains symboles sont également considérés comme des archétypes. Ce sont de grands concepts, universels et intemporels, comme la croissance et le déclin, le bonheur et la peine, mais aussi les forces de la nature, les animaux… Ils accompagnent l'Homme depuis la nuit des temps et touchent à nos sens les plus profonds.

• **La maison**
Abri protecteur mais aussi prison, la maison représente à la fois l'être (le « foyer » intérieur) et le paraître (la « façade »), et les différentes parties du corps (les pièces). Ce sont les éléments qui la composent et les sentiments qui s'y rattachent qui lui donneront un sens précis.
• **Les fenêtres :** elles sont le lien entre l'extérieur et notre monde intérieur.
• **Les portes et volets :** ce sont les masques que l'on porte, les « obstacles ».
• **L'escalier :** symbole de la verticalité, il permet de s'élever ou de descendre.

Le coin du psy
« Quel aspect extérieur a la maison de votre rêve ? Est-elle accueillante ou hostile ? »

- **Le grenier :** il symbolise le monde « d'en haut », la structure de la pensée.
- **La cave :** elle représente l'inconscient personnel et renferme les possibilités non exploitées.
- **Le salon :** pièce sociale, on y laisse entrer l'extérieur, on y reçoit, on y communique. C'est aussi un symbole de la personnalité profonde.
- **La cuisine :** c'est la pièce dans laquelle s'opèrent les transformations, la « cuisine » intérieure, où l'on se nourrit et où l'on « assimile » les événements.
- **La chambre :** elle marque l'intimité et symbolise l'endroit où l'on se retire ainsi que le lieu où l'on s'unit. La place du lit est importante.
- **La salle de bains :** elle évoque ce qui touche au « nettoyage » du corps et de l'esprit, ainsi qu'au « maquillage ».

- **Les lieux**
- **Les rues, carrefours, places, gares :** ces lieux sont à mettre en relation avec le chemin de vie, l'action qui s'y déroule (départ, arrivée, attente, traversée…) et les directions.
- **L'église :** elle représente l'inconscient profond et notre rapport avec « la mère ». Elle symbolise également le recueillement, la vérité, la paix intérieure.
- **Le château :** chez l'adulte, il symbolise le paradis perdu, les regrets. Il mène à l'introspection, à la recherche de sa « noblesse » intérieure.

- **Les paysages**
- **La montagne :** elle est synonyme d'ascension, de stabilité ou alors d'obstacle, d'effort à fournir pour parvenir au sommet. Masculine, elle symbolise le père.
- **La forêt :** elle représente la vie inconsciente, avec ses rencontres (animaux, personnages…), une ambiance, etc. Les arbres symbolisent la solidité, la force ainsi que le corps humain.
- **La campagne :** elle incite à l'isolement, à l'introspection, à un retour aux sources.

Posez-vous les bonnes questions !

- Ai-je déjà rêvé de cet endroit ? Que s'y passe-t-il ?
- Est-ce que je le connais ? Que me rappelle-t-il ? À quoi peut-il être associé ?
- Comment est-ce que je le perçois ? Comment est-ce que je m'y sens ?

• **Les saisons**

Elles reflètent l'état de l'âme et viennent compléter la symbolique d'un paysage.
• **L'hiver :** synonyme de solitude, il symbolise une phase de transformation intérieure.
• **Le printemps :** c'est un signe de renaissance, de régénérescence.
• **L'été :** il marque une phase de plein épanouissement, de potentiel et d'énergie.
• **L'automne :** il représente la réflexion, une période de bilan et pointe ce qui a mûri.

• **La végétation**

• **Le jardin :** il reflète notre état émotionnel, la manière dont nous nous « entretenons ».
• **La terre :** elle renvoie à la concrétisation, à la fertilité, et confère une certaine valeur à nos actions, au travail. Elle symbolise aussi la nourriture.
• **Les fruits :** symboles sexuels, ils représentent la fin d'un cycle, la récolte.
• **Les fleurs :** elles sont le signe d'un fait nouveau, de quelque chose d'émergent.

• Les moyens de transport

Ils matérialisent le passage d'un état à un autre. Ils marquent le changement, la progression de notre état intérieur et pointent les obstacles que nous devons franchir. Le moyen utilisé, son aspect, les actions associées (retard, crevaison…) révèlent notre manière d'avancer sur le chemin de la vie.

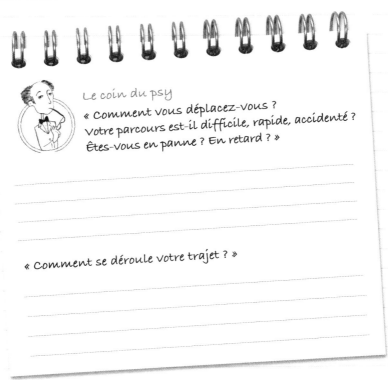

Le coin du psy
« Comment vous déplacez-vous ?
Votre parcours est-il difficile, rapide, accidenté ?
Êtes-vous en panne ? En retard ? »

« Comment se déroule votre trajet ? »

• Les outils de communication

Le message que véhicule le titre d'un livre, d'une affiche, ou le sujet d'une émission ou d'une pièce est à prendre en considération. Il révèle ce que nous ne pouvons ou ne voulons pas voir. Ils peuvent annoncer un danger, mais aussi alerter et informer.

- **L'eau**

Grand archétype, l'apparition de l'eau est toujours significative. Elle représente l'inconscient dans sa totalité. C'est un miroir : elle prend la forme, la couleur et l'aspect que nous lui donnons. Signe de conflit ou de sérénité, elle conjugue tous les états. Image de la mère et de la vie, elle abreuve autant qu'elle noie, menace autant qu'elle apaise. On peut l'associer à une dynamique (courants, marées), à un cheminement (pont, traversée), à la communication, à la purification. Sont associés à l'eau les fleuves, les rivières, les lacs, les océans, les sources, les cascades, mais aussi le bain, le baptême... et la noyade !

Posez-vous les bonnes questions !

- Sous quelle forme m'apparaît l'eau ? Est-ce la mer, un lac, un ruisseau ?

- Quel est son aspect ? Est-elle calme, agitée, limpide, boueuse, noire, transparente ?

- Représente-t-elle un danger ? Ai-je envie d'y plonger ? Suis-je en train de m'y noyer ?

• **Les astres**
• **Le Soleil :** synonyme de clarté, de clairvoyance, le Soleil, masculin, éclaire, expose les actes et les pensées. C'est le symbole de l'énergie, de la force et du feu. Sa course détermine la conscience du rêveur, de l'aube au crépuscule.
• **La Lune :** l'astre de la nuit, féminin, éteint, masque ce que l'on veut garder secret, mais illumine l'inconscient d'une certaine douceur.

• **Le feu**
Autre grand archétype, souvent sexuel, le feu symbolise l'énergie. Autant purificateur que destructeur, il est l'expression de la colère, du désir mais aussi de la vitalité. Il représente le père, il brûle, dévore, réchauffe ou suggère la passion. L'interprétation portera sur la nature du feu. Sont associés au feu les incendies, la cheminée, le foyer, les braises, les cendres, la fumée, les flammes…

• Les personnages

Connues ou inconnues, représentant une autorité ou issues des contes, nous croisons souvent d'autres personnes dans nos rêves. Elles représentent toujours une part de nous-mêmes, soit un aspect conscient, soit un trait de caractère opposé. Elles matérialisent également ce que nous pensons de nous-mêmes et nos rapports avec nos proches.

• **La famille** : archétypes classiques, le père et la mère sont toujours porteurs d'un message important, mettant en relief la nature de nos relations, mais aussi notre perception de la maternité ou de la paternité. Nos sentiments, la manière dont ils sont représentés, les échanges ainsi que le rôle qu'ils tiennent sont également significatifs.

Les frères et sœurs jouent en général leur propre rôle, mais représentent aussi, selon le rêveur, l'ombre, l'*animus* ou l'*anima*.

• **Les amis et les inconnus** : ils symbolisent toujours une facette de notre personnalité.

• **Les « professionnels »** : le maître d'école, le juge, le gendarme, le jardinier représentent, au travers de leur activité, une tâche de la vie. L'interprétation porte alors sur l'objet de cette profession : être jugé, être soigné, présenter ses papiers…

Posez-vous les bonnes questions !

• Les personnes dont j'ai rêvé sont-elles amicales ou menaçantes ?

• À qui pourrais-je les identifier ? À quelle facette de mon caractère pourraient-elles correspondre ?

• **La fête, la danse, le spectacle, l'orgie**
Ces manifestations sont toujours importantes. Elles possèdent une certaine religiosité, au sens étymologique du terme : elles rassemblent, lèvent les inhibitions et relient les êtres.

• **La foule**
Signe de solitude, elle est fréquente dans les rêves d'infériorité et de culpabilité. On s'y noie, on s'y perd, on y est mis à nu… Elle représente les forces de l'inconscient, une puissance aveugle à laquelle on se sent incapable de faire face.

• **Le corps**

Le corps est la représentation « physique » de l'esprit. Chaque partie possède un sens. Le corps apparaît parfois tel que nous nous percevons : grand, petit, mince, fort, affaibli...

• **Le visage :** il représente l'apparence, révèle nos expressions profondes.
• **Les cheveux :** symboles sexuels, signes de force, d'image de soi, ils représentent la part de féminité ou de masculinité, liés au sentiment de castration.
• **Les dents :** également signes sexuels, les dents – que l'on perd souvent en rêve – sont associées à la façon dont on « croque » la vie. Mais elles sont aussi un moyen de défense, attachées à notre capacité de faire face ou non aux événements.
• **Les yeux :** ils se rapportent à la manière dont nous percevons le monde extérieur.
• **Les membres supérieurs :** ils sont associés à l'action, à la façon de « saisir » l'existence.

- **Les membres inférieurs :** ils représentent le mouvement, la manière dont nous nous « déplaçons » dans la vie.
- **Le cœur :** il est à mettre en relation avec l'affectif, les sentiments.
- **Le ventre et les viscères :** ils représentent nos origines et ce que nous devons « digérer ».
- **Le dos :** il symbolise ce qui est caché, ce dont nous n'avons pas conscience, mais aussi les dangers qui peuvent arriver « par surprise »…

Le coin du psy

De quelles parties de votre corps rêvez-vous le plus souvent ?

Comment apparaissez-vous physiquement ? Avez-vous un visage ? Êtes-vous vêtu(e), nu(e) ?

- **La nourriture**

Elle symbolise la nourriture psychique, les forces vitales que nous « ingérons ». Les aliments que nous refusons ou réclamons, leur nature (pain, sucreries…) représentent notre attitude face à ce que nous offre la vie. La table, avec la notion de partage, est également importante.

• **L'argent et les cadeaux**

L'argent représente une force psychique, une énergie, que l'on investit ou que l'on perd. Il nous renseigne sur la valeur que nous accordons aux choses, aux autres, à nos relations.

L'héritage renvoie à l'histoire familiale, à des événements que nous devons « régler ». Le cadeau représente ce que la vie nous offre.

• **Les sacs et valises**

Ils sont rattachés à l'intimité, à nos « bagages ». Selon la situation, ils symbolisent ce que l'on transporte avec nous, mais aussi ce dont on s'encombre ou que l'on souhaite cacher (armoire).

• **Les vêtements et la nudité**

Les vêtements renvoient à l'apparence. Trop grands, ils symbolisent un besoin d'ajustement. Trop petits, une situation qui n'est plus à notre « mesure ». La nudité (courir pieds nus, être nu au milieu d'une foule…) symbolise le dépouillement, le fait d'être démasqué. Elle peut aussi représenter un retour vers son véritable être intérieur.

• Les animaux

Ils font partie des grands archétypes, entre inconscient collectif et inconscient individuel. Les animaux sont une projection de nous-mêmes. Ils reflètent notre propre comportement, notre psychisme et nos instincts. Ils représentent également le père, la mère, notre part d'ombre, l'*animus* et l'*anima*.

Riches de sens, ils ont de nombreuses significations selon ce que chaque animal évoque pour nous, de la peur à la fascination. L'interprétation s'attachera donc à la symbolique de l'animal, mais aussi aux sentiments qu'il engendre, à sa couleur, son allure, son attitude… ainsi qu'à la fréquence de ses apparitions, signe qu'un point particulier de notre personnalité cherche à attirer notre attention.

Le coin du psy

« Rêvez-vous souvent d'animaux ? Lesquels ? Qu'évoquent-ils pour vous (dans la réalité) ? »

« Comment se comportent-ils ? Sont-ils menaçants, dangereux ? Sont-ils amicaux, tendres ? »

« À quoi pourriez-vous les associer ? Quelle(s) facette(s) de votre personnalité reflètent-ils ? »

• **Les chiffres et les nombres**

Si les croyances populaires nous incitent à courir chez notre buraliste dès l'apparition onirique du moindre chiffre, les rêves de nombres sont difficiles à interpréter. Ils peuvent avoir un sens précis, notamment pour les chiffres de 1 à 9, qui correspondent chacun à une personnalité, mais aussi une signification personnelle (date d'anniversaire, événement marquant, adresse…). Les nombres pairs sont plutôt féminins et les nombres impairs masculins.

• **Les formes**

Tous comme les chiffres auxquels elles peuvent être associées, les formes géométriques correspondent aux phases de transformation et d'accomplissement de la personnalité (individuation), et symbolisent la concentration des énergies psychiques. Elles apportent, en outre, les notions d'extérieur et d'intérieur ou de mouvement.

• Les couleurs

Les rêves en couleur, plus courants chez les femmes, vont apporter une dimension supplémentaire aux symboles. Mais les couleurs ont néanmoins une dimension sociologique et n'ont pas la même signification selon les croyances, les cultures. Les émotions qu'elles génèrent, leur intensité doivent aussi être prises en compte.

• **Le noir (la mort)** : dans nos sociétés, c'est la couleur du deuil, de la solitude, du désespoir, mais, tout comme la mort, elle est également liée à une transformation intérieure sous-jacente.

• **Le blanc (la naissance)** : il représente la pureté, la spiritualité, l'union.

• **Le jaune (le Soleil)** : c'est la couleur du rayonnement intellectuel, de la richesse et de l'affectivité. Elle peut éclairer ou aveugler.

• **Le rouge (le feu)** : symbole de la passion, de la chaleur, de l'action, il signifie également angoisse, danger ou violence.

• **Le bleu (le ciel)** : couleur de l'infini, il symbolise la sérénité, la fidélité, l'espérance.

• **Le vert (la nature)** : il représente l'équilibre, le repos, la patience, la renaissance, mais peut aussi être maléfique.

Posez-vous les bonnes questions !

- *Est-ce que je rêve en couleur ? Quelles couleurs m'apparaissent le plus souvent ?*
- *Puis-je distinguer des formes ? Lesquelles ?*
- *Est-ce que je rêve de chiffres ? Que me suggèrent-ils ?*

Chapitre VI
Les clés de l'interprétation

Vous avez décidé de partir en voyage au cœur de vous-même, de découvrir qui vous êtes vraiment, sans frontières, sans limites… Mais, comme pour tout voyage, voici quelques règles de bonne conduite et quelques astuces qui vous permettront justement… d'aller au bout de vos rêves !

> « La trace d'un rêve n'est pas moins réelle que celle d'un pas »
>
> **Georges Duby**

• Première étape : mémorisez vos rêves

Plus question, au matin, de vous retrouver face à un trou noir… Et adieu veaux, vaches, cochons ou autres symboles ! Pour comprendre ce que cherchent à vous dire vos rêves, les analyser, il faut avant tout commencer par les mémoriser. Préparez votre nuit et votre réveil. Le cerveau est un formidable logiciel, que vous pouvez programmer, la veille, afin de l'inciter à garder vos rêves en souvenir. Le matin, étirez-vous, faites quelques grandes respirations et prenez le temps de laisser remonter les images qui vous ont bercé durant la nuit.

Astuces

- **Respectez vos cycles de sommeil :** si vous prenez l'habitude de vous réveiller à la fin d'un cycle, vous sortirez naturellement de votre sommeil, peu après la phase de sommeil paradoxal, et vos rêves vous reviendront plus facilement.

- **Programmez votre mémoire :** au moment de vous endormir, programmez votre cerveau et répétez-vous plusieurs fois : « *Demain, je me souviendrai de mes rêves* ».

- **Au réveil :** avant de faire quoi que ce soit d'autre (allumer la radio, vous lever…), laissez remonter les souvenirs : « *De quoi ai-je rêvé ?* ».

• **Deuxième étape : notez vos rêves**
Là encore, un peu de méthode s'impose pour retranscrire vos rêves :
• **Rédigez un brouillon :** commencez par jeter les images telles qu'elles vous arrivent. Ne cherchez pas à leur donner un sens logique, une chronologie. Notez simplement ce dont vous vous souvenez, comme ça vient…
• **Reprenez vos notes :** relisez ce que vous avez jeté au réveil et essayez, cette fois-ci, de les agencer, de retrouver la chronologie des événements. Insistez également sur les détails qui vous reviennent. Vous avez rêvé d'un homme sur le pas d'une porte ? Comment était cet homme ? Jeune ? Vieux ? C'était le pas de votre porte ? D'un lieu inconnu ?
• **Dégagez les symboles forts ou le thème principal :** au travers des images se dessinent forcément des grands thèmes (la chute, une route sans fin…), des sentiments (la colère, la peur…), des symboles importants. Cela vous donnera des premières pistes pour comprendre le sens de votre rêve.

Le ressenti

Au cours de votre rêve, étiez-vous effrayé(e) ou ressentiez-vous de la joie, de la plénitude ? À votre réveil, étiez-vous soulagé(e) ou mal à l'aise ? Au-delà des symboles et des situations que vous vivez en rêve, prêtez attention à ce que vous ressentez, aux sentiments que déclenche votre rêve. Ainsi, un rêve sévèrement jugé par la conscience (« J'ai honte d'être heureux de la mort de cette personne »), peut s'avérer, après analyse, très positif : vous avez enfin « tué » une personne, un événement, la part de vous-même qui entravait votre personnalité !

• **Troisième étape : interprétez vos rêves**
Vous allez enfin pouvoir vous plonger dans votre dictionnaire de symboles préféré ! Mais expliquer ses rêves demande, là encore, un peu d'entraînement.
• **Les symboles… mais encore !**
Les symboles ne sont que des guides. L'intensité, la fréquence, les sentiments qui en résultent, mais aussi la réalité à laquelle ils vous renvoient sont autant de points importants dans l'interprétation. Ce sont les mots, les détails, les événements que vous associerez qui leur donneront un sens. Et un même symbole pourra être différent selon la période où il apparaît.
• **Une part de subjectivité**
Parce que le rêveur est le seul témoin de son rêve, l'interprétation, qu'elle soit individuelle ou guidée par un professionnel, sera toujours subjective. L'importance que vous accorderez à certains symboles, ce que vous aurez « oublié » ou ce qui aura retenu votre attention conféreront également un sens à votre rêve.

• Posez-vous les bonnes questions

Ne vous arrêtez pas sur l'aspect positif ou négatif des symboles. Demandez-vous plutôt à quoi cela peut correspondre au niveau de votre vécu, votre quotidien, vos proches, vos peurs… Analyser vos rêves, c'est prendre conscience de ce que vous êtes au plus profond de vous, regarder en face ce qui peut être douloureux, refoulé, mais aussi découvrir votre potentiel.

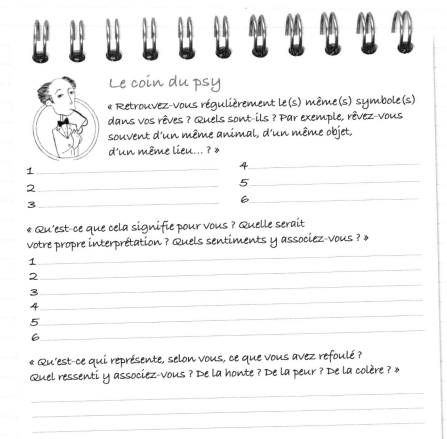

Le coin du psy

« Retrouvez-vous régulièrement le(s) même(s) symbole(s) dans vos rêves ? Quels sont-ils ? Par exemple, rêvez-vous souvent d'un même animal, d'un même objet, d'un même lieu… ? »

1 _____ 4 _____
2 _____ 5 _____
3 _____ 6 _____

« Qu'est-ce que cela signifie pour vous ? Quelle serait votre propre interprétation ? Quels sentiments y associez-vous ? »

1 _____
2 _____
3 _____
4 _____
5 _____
6 _____

« Qu'est-ce qui représente, selon vous, ce que vous avez refoulé ? Quel ressenti y associez-vous ? De la honte ? De la peur ? De la colère ? »

_____
_____
_____

C'est à vous !

« J'y ai laissé des plumes », « Je ne l'ai pas digéré ! » Si certaines expressions imagées nous parlent très facilement, comment les reconnaître lorsqu'elles se manifestent en rêve ? Quels symboles pourraient, pour vous, illustrer les expressions suivantes ? Comment les représenteriez-vous ?

A. « J'en ai plein le dos de ce job ! »

B. « Quel boulet ce mec ! »

C. « Tant pis, c'est cuit ! »

D. « Je ne voudrais pas me jeter des fleurs, mais... »

E. « Je vais me brûler les ailes ! »

Annexe

Fiche d'interprétation

Date :
Heure du coucher : _ _ h _ _   Heure du lever : _ _ h _ _

Avant de vous coucher

Quels sont les événements importants, les pensées, les faits marquants de votre journée :

Qu'avez-vous mangé avant de vous coucher ?

Au moment de vous coucher

À quoi pensez-vous au moment de vous endormir :

Comment vous sentiez-vous avant de vous endormir (fatigué(e), stressé(e), calme…) ?

Pendant la nuit

Vous êtes-vous réveillé(e) au cours de la nuit ?

Avez-vous eu soif, faim, froid, chaud ?

Au réveil

Thème général du rêve :

Histoire et déroulement du rêve :

Comment vous sentiez-vous au cours de ce rêve et à votre réveil ?

Quels sont les concepts et symboles présents ?

Comment les interprétez-vous ?

Est-ce que ce rêve peut être associé à des faits qui se sont déroulés dans la journée :

À quelle facette de votre personnalité, à quel trait de caractère, à quelle peur ce rêve correspondrait-il ?

Aviez-vous déjà fait ce rêve ? Quand ? À quelle occasion ?

Après...

L'analyse du rêve d'Élodie...

Ce rêve, en couleur, met en scène des symboles importants, voire universels : la maison et ses différentes pièces, le jardin, le vieil homme et les « enfants »... Voici l'interprétation qu'en fait Élodie. Elle se sent coincée, entravée dans ses mouvements, et doit se cantonner au rôle qu'on lui a attribué (son travail en cuisine). *« La seule pièce dans laquelle je me sentais bien, c'était la salle de bains. »* Elle a l'impression d'y revivre. Il y a des couleurs (le vert), des sons (le bruit de l'eau), de la lumière (la petite fenêtre)... Pour se libérer, goûter à la vie (le jardin fruitier), aller vers la lumière (le jaune de la façade...), elle doit déterrer quelque chose qui la retient, l'empêche d'avancer.

Si ce rêve trouve déjà son sens au travers de l'analyse d'Élodie, les clés de l'interprétation résident dans l'aspect de la maison, lugubre puis accueillante, les couleurs, la salle de bains – la pièce où l'on se « nettoie » –, mais surtout dans les différents personnages qu'elle rencontre. Qui sont-ils ? Des proches ? Des parents ? Quelles facettes de sa personnalité représentent-ils ? Sont-ils l'expression de son ombre, de son *animus* et son *anima* ? Ce qu'elle a ressenti, pendant et après son rêve, est également important : l'oppression dans la maison, le refuge de la salle de bains, le soulagement d'avoir accompli sa mission. La maison, son espace intérieur, s'ouvrant sur l'extérieur est également riche de sens.

Solution du jeu p. 15
Onirique (Eau - Nid - Riz - Queue)

Solution du jeu p. 21
Réalité (Ré - A - Lit - Thé)

Solution du jeu p. 29

EDITIONS ESI

60, rue Vitruve 75020 Paris
Imprimé en Espagne par GRÁFICAS JOMAGAR, SL
© Editions ESI - Dépôt légal : décembre 2010 - Achevé d'imprimer : novembre 2010
ISBN : 978-2-35355-610-6

Tous droits réservés pour tous pays.
« Toute représentation ou reproduction, intégrale ou partielle, faite sans le consentement de l'auteur, ou de ses ayants droit ou ayants cause, est illicite » (article L.122-4 du code de la propriété intellectuelle). Cette représentation ou reproduction, par quelque procédé que ce soit, constituerait une contrefaçon sanctionnée par l'article L.335-2 du code de la propriété intellectuelle. Le code de la propriété intellectuelle n'autorise, aux termes de l'article L.122-5, que les copies ou les reproductions strictement réservées à l'usage privé du copiste et non destinées à une utilisation collective, d'une part, et, d'autre part, que les analyses et les courtes citations dans un but d'exemple et d'illustration.